AF494607

TRAITÉ DES LONGITUDES, OU LA NAVIGATION DANS SON JOUR,

Où est montré la maniere de connoître les Longitudes, tant sur Mer que sur Terre, d'une méthode nouvelle & facile à pratiquer.

Par JEAN HEBERT.

A PARIS,

Chez JACQUES-HENRY PRALARD, ruë S. Jacques, à l'occasion.

M. DCCXVIII.

Avec Approbation & Privilege du Roy.

A SON ALTESSE ROYALE
MONSEIGNEUR
LE DUC D'ORLEANS,
REGENT
DU ROYAUME
DE FRANCE.

MONSEIGNEUR,

Le bien public m'oblige à vous presenter ce petit Trai-

té des Longitudes. La nouveauté de la matiere, jointe à l'inclination naturelle que vous avez à faire du bien à tout le monde, me fait esperer que VOTRE ALTESSE ROYALE *ne desaprouvera pas la liberté que je prens de lui presenter, & que je le fasse paroître au jour sous de si favorables auspices. L'autorité de vôtre Nom servira de rempart au frontispice de cet Ouvrage, pour arrêter la mauvaise volonté de ceux qui faute de connoissance, ou par d'autres motifs assez aisez à penſer auront pû s'engager à décrier ce qu'ils n'entendent pas, ou ce qu'ils ne veulent pas entendre. Il eſt vrai que la difficulté qui a paru juſqu'à preſent ſur cette découverte, peut ſervir aux mal-intentionnez pour épancher leur bile. Mais ſur cette matiere il ne faut pas d'autre Juge que* VOTRE ALTESSE ROYALE, *qui d'un coup d'œil verra la poſſibilité de la choſe. Ce n'eſt pas un petit avantage pour un Royaume, que d'avoir un Prince qui le gouverne, dont la connoiſſance univer-*

ſelle de toutes les Sciences ; jointe à une integrité à toute épreuve, mettent juſques aux plus petits de ceux qui le compoſent, à couvert de l'oppreſſion & de l'injuſtice.

Et c'eſt ſans doute dans cette vûë que les Chinois qui paſſent pour les plus ſages de tous les Orientaux, ont érigé chez eux un Tribunal des Mathematiques pour décider de tout ce qui concerne ces ſortes de Sciences, & qu'ils regardent comme de la derniere importance à l'Etat, tant pour rendre à chacun ce qui luy appartient , que pour l'utilité publique. Cette affaire-cy eſt de ce genre. Je ne m'arreſterai point à déduire icy les avantages que l'on en pourra tirer dans la ſuite: VOTRE ALTESSE ROYALE *ſçait mieux qu'aucune perſonne du Royaume les conſequences de toutes ces choſes: c'eſt pourquoy je les paſſe ſous ſilence, auſſibien que les rares talens & perfections dont il a plu à Dieu de combler* VOTRE ALTESSE ROYALE. *Ce n'eſt point à une plume comme la mienne à prendre l'essort si haut, que d'oser entreprendre une matiere si vaste & à laquelle les plus habiles plumes du monde se trouveroient embarrassées. Je laisse donc aux grands genies de ce siecle & des siecles à venir, à parler de la Noblesse de vôtre Maison, de la gloire de vos illustres Ancestres, & de toutes les vertus rëünies en la Personne de* VOTRE ALTESSE ROYALE ; *car au lieu de leur donner de l'éclat, je ne ferois que les avilir par l'obscurité du rang que je tiens, & par la fébleſſe de mon ſtile : ma Profeſſion ne me permet pas de paßer plus outre, me renfermant dans les bornes étroites de ma ſphere, & à tâcher de perfectioner ce que j'ai commencé, c'eſt-à-dire, la pratique des Longitudes, & de quelques inſtrumens propres à la Navigation. J'aurai lieu d'eſtre content, ſi mon petit travail a le bonheur de ne pas déplaire à* VOTRE ALTESSE ROYALE. *Je pourrai me flater de l'honneur de ſa protection, en attendant que j'aye l'occaſion de luy donner des preuves plus évidentes de la veneration, & du profond respect avec lequel je suis,*

MONSEIGNEUR,

DE VOTRE ALTESSE ROYALE

Le très-humble & très-obéïssant Serviteur, HEBERT.

PREFACE.

CE n'eſt point la demangeaiſon d'écrire qui m'a fait mettre la main à la plume, mais l'envie que j'ai de rendre ſervice à ma Patrie, en eſt l'unique cauſe. Le ſtile d'un home qui n'a jamais été aux écoles que pour aprendre à écrire, perſuadera aſſez le Lecteur de cette verité: auſſi me ſuis-je peu ſoucié de joindre l'agreable à l'utile. J'aurois pû faire executer par un autre d'un ſtile plus aiſé & plus relevé ce Traité des Longitudes: mais je ne veux rien avoir d'autrui: & pourvû que je me fasse entendre, c'est assez. J'ai balancé long-temps pour le rendre public, vû les traverses qui accompagnent ordinairement ceux qui font quelque découverte: témoin ce qui est arrivé à Christophe Colomb pour la découverte de l'Amerique; à Ticho Brahé pour les belles Observations qu'il a faites des Astres ; à Hervé pour avoir trouvé la Circulation du sang, & à plusieurs autres qu'il seroit ennuyeux de citer : que ce n'est pas sans raison que j'ai esté long-temps à me resoudre; car si ces grands hommes dont je viens de parler, avec lesquels je n'oserois pas me mettre en parallele, ont eu des ennemis obstinez & dangereux, que peut esperer un homme qui fait si peu de figure dans le monde, & qui n'est soûtenu de personne ? Mais d'un autre côté considerant le bien qui en pourra resulter, & me reposant sur la force de la verité, vû que la chose est démonstrative, je me flatte qu'elle sera bien reçûë. Quand je fais reflexion sur la conduite des anciens & des modernes touchant la recompense de ceux qui font quelque découverte dans les Arts, cela me fait tomber dans un étonnement d'autant plus grand, que j'en ignore la cauſe : & je la laiſſerai à traiter à des perſonnes plus éclairées que moy.

Je pourrois dire comme le Cocq d'Eſope qui avoit trouvé une pierre précieuſe dont il ne pouvoit profiter. Mais ce qui me conſole, d'autres pourront le mettre en uſage, & en tireront des avantages conſiderables. Ce ſeroit dommage qu'une choſe recherchée depuis tant de ſiecles, & ſi utile à tout le monde, fût plus long-temps enſevelie dans le ſilence.

TRAITE DES LONGITUDES.

DE toutes les recherches que l'on a faites depuis long-temps, je croi qu'il n'y en a point de plus necessaire que la découverte des Longitudes. C'est ce qui m'a donné lieu d'en rechercher les moyens depuis plusieurs années avec beaucoup de soins, & de dépenses.

Mais considerant les grands avantages qu'il en reviendroit au public , cela a esté cause que je ne me suis point rebuté : & graces à Dieu je croi y estre parvenu. Personne n'ignore le bien qu'il en pourra revenir , & la consequence de cette découverte. Premierement il est certain que faute de connoître les Longitudes , il y a quantité de Vaisseaux qui périssent miserablement. En second lieu , on pourra trafiquer avec moins de risques ; & ceux qui auront les premiers cette connoissance , pourront enrichir leur Païs aux dépens de leurs voisins, puisqu'ils pourront faire leurs voyages avec moins de dépenses & plus de sûreté. En troisiéme lieu, quel avantage ne tirera-t-on pas dans la suite pour la découverte de tant de Païs qui nous sont encore inconnus; & si fortuitement on y a touché quelquefois, on ne peut y retourner qu'avec peine, faute de connoître les Longitudes de cette nouvelle Terre. En quatriéme lieu, on pourra faire des Cartes plus correctes de quantité de Païs dont les Longitudes ne sont connuës que par une estime defectueuse, les uns les mettant à plusieurs degrez de difference des autres, & quelquefois pas un n'approche de la verité, tant leurs Regles ſont incertaines. Enfin quelles peines & quels ſoins n'épargnera-t-on pas aux Navigateurs par une voye courte & aiſée à pratiquer une connoiſſance, à quoy ils ne peuvent parvenir qu'imparfaitement avec un long travail ! La charité m'oblige à communiquer à tout le monde, & particulierement à mes Compatriotes, cette connoiſſance ſi utile, afin qu'ils en puiſſent profiter ; car pour moy n'eſtant point né pour la Mer, & dans un âge trop avancé, pour commencer preſentement, je ne ſçaurois en tirer aucun fruit. Cela me fait ressouvenir de ce qu'on dit qu'un Soldat a trouvé l'Imprimerie, & un Moine l'Invention de la Poudre : on pourra y ajoûter qu'un Artisan a trouvé les Longitudes. Je ne doute pas que plusieurs mal intentionnez ne fassent leurs efforts pour trouver à redire à cette découverte. Mais j'espere leur répondre sur toutes les questions qu'ils pourront y faire, par des raisonnemens solides, & par l'experience que j'en ai faite à terre. Il y a environ deux ans que j'envoyai à un de mes amis à Paris, un Memoire concernant les Longitudes, pour eſtre preſenté à quelques-uns de Meſſieurs de l'Academie Royale des Sciences pour avoir leurs ſentimens là-deſſus. Un de ces Meſſieurs eut la bonté d'écrire ſur le dos du Memoire, après l'avoir examiné, qu'il falloit que je me fiſſe connoître, & que je donnaſſe des preuves de ce que j'avançois. Mon Memoire me fut renvoyé avec cette réponſe. Je ne peux donc mieux me faire connoître qu'en le mettant ſous la Preſſe. Et à l'égard des preuves de ce que j'ai avancé, on me trouvera toûjours diſpoſé à les faire, & pardevant qui on ſouhaitera; car la choſe eſt claire comme le jour dans le raiſonnement, & avec autant d'évidence que deux & deux font quatre. Il eſt donc juſte de rendre la choſe publique, afin que les Gens de Mer la puiſſent mettre en pratique d'une maniere facile & ſimple : ce que je vais expliquer en peu de mots. Pour parvenir donc à cette connoiſſance il ne faut que quatre inſtrumens ; ſçavoir, un bon Cadran Solaire en cercle, le plus grand qu'il ſe puiſſe faire, une Pendule, comme j'en ai fait une qui va aſſez juſte ſur Mer ſans s'arrêter par le roulis du Vaiſſeau, & un inſtrument pour prendre hauteur aux Etoiles, d'une nouvelle méthode, & unę Bouſſole ordinaire : ce ſont-là les inſtrumens neceſſaires pour cette operation.

Il faut quelques jours avant que d'entreprendre un voyage, bien ajuſter la Pendule ſur le moyen mouvement du Soleil : enſuite le Pilote doit obſerver une Etoile fixe qui ſoit remarquable, & qui paſſe par le Méridien vers le minuit, & en bien remarquer l'heure à une Pendule qui aura eſté miſe au Soleil à midy juſte : deux jours aprés le Vaiſſeau fait voile du Port de Dieppe pour l'Amerique. Au bout de dix jours ayant cinglé ſur divers airs de vent, eſtant en pleine Mer le Pilote veut ſçavoir le chemin que le Vaiſſeau a pû faire, & ne s'aſſûrant pas aſſez ſur ſa Pendule, il veut ſçavoir au juſte de combien il differe en longitude du lieu d'où il eſt parti : le temps eſtant beau & calme, le Pilote prend hauteur au Soleil à midy pour connoître la Latitude du lieu où il eſt : ſa Latitude, connuë, quelques heures aprés il regarde l'heure que ſon Cadran Solaire marque, & met ſa Pendule deſſus, remarquant juſtement la difference de l'heure du lieu où il eſt, d'avec l'heure que la Pendule marque, afin de voir ſi elle a eſté juſte. La Pendule eſtant à l'heure, & le Navire ne faiſant preſque aucun chemin ſur les onze heures, le Pilote cherche ſon Etoile & la trouve ; & prenant ſon inſtrument, il regarde de combien de degrez elle eſt élevée au-deſſus de l'horizon. Cela fait, il regarde promptement à ſa Pendule, & met l'heure de ſon obſervation, & les degrez de l'élevation de l'Etoile ſur ſes Tablettes : enſuite laiſſant paſſer l'Etoile par le Méridien, ce qu'il peut bien voir par ſa Bouſſole, il reprend l'Etoile en baiſſant, & lors qu'il voit à ſon inſtrument ladite Etoile à la même hauteur qu'elle étoit à la premiere observation, il regarde de rechef l'heure qu'il est à sa Pendule, & la met sur ses Tablettes; si-bien que prenant le milieu des deux observations, le Pilote sçaura justement l'heure, & la minute du passage de l'Etoile par le Meridien: & pour sçavoir à quelle heure la même Etoile a passé par le Méridien à Dieppe, d'où le Vaisseau est parti, il n'y a qu'à ôter à la premiere observation prise au lieu d'où il est parti, trois minutes cinquante-six secondes par chaque jour, & il aura justement la difference des Longitudes entre Dieppe & le lieu où il eſt preſentement. Mais pour rendre la choſe plus facile, je vais en donner quelques Exemples.

PREMIER EXEMPLE.

Eſtant parti de Dieppe par cinquante degrez de Latitude Nord le 12. Janvier, deux jours avant mon départ, qui eſtoit le 10. j'ay obſervé une Etoile fixe qui a paſſé par le Méridien juſte à deux heures après minuit. Le 18 du même mois eſtant en pleine Mer, je voudrois ſçavoir où je ſuis, & quel chemin j'ai pû faire : le temps le permetstant je prends hauteur au Soleil, & je me trouve par quarante-cinq degrez de Latitude Nord, je regarde à mon Cadran Solaire, & je trouve qu'il marque trois heures, & je mets aussi-tost ma Pendule dessus, vers le minuit je cherche mon Etoile & l'ayant trouvée & l'observant comme je l'ai dit cy-devant, je remarque que ladite Etoile a passé à deux heures trente minutes justes par le Méridien, si bien qu'ayant la difference de Latitude de cinq degrez, on veut sçavoir la difference de Longitude entre Dieppe, & le lieu où je suis presentement, vous voyez qu'il y a trente minutes de difference entre l'Etoile obſervée à Dieppe & la même Etoile obſervée au lieu où je ſuis preſentement, il faut regarder combien il y a de jours de difference entre les deux obſervations, & on en trouvera huit, & pour ſçavoir l'heure & la minute que ladite Etoile a paſſé par le Méridien à Dieppe, le même jour que je l'ai obſervée au lieu où je ſuis, il n'y a qu'à ôter de chaque jour trois minutes cinquante ſix ſecondes qui font en huit jours trente-une minutes vingt-huit ſecondes, qu'il faut rabatre de deux heures qui estoit le passage de l'Etoile par le Méridien à Dieppe le dix, comme je l'ai dit cy devant ; si bien qu'il faut ôter de deux heures trente-une minutes & vingt-huit secondes, & il restera une heure 28. & 32. qui sera l'heure de son passage par le Méridien à Dieppe, & le lieu où je suis l'Etoile a passé par le Méridien à deux-heures trente minutes, si bien qu'il est aisé de voir que vôtre difference de Longitude est de 58. minutes, & vôtre difference de Latitude de cinq degrez, ayant la difference de Latitude, & la difference de Longitude de 58. minutes, il eſt facile ſur une bonne Carte réduite de voir l'endroit poſitif où vous eſtes, & par conſequent le chemin que le Vaiſſeau a fait depuis ſon départ.

SECOND EXEMPLE.

Au jourdhui dixiéme jour de Mars une Etoile fixe que j'ay choiſie a paſſé par le Méridien à Dieppe, à une heure préciſe après minuit, le lendemain la même Etoile arrivera 3. minutes, & cinquante ſix ſecondes plûtôt au Méridien que le jour précedent, ſi bien qu'en quinze jours il y y aura 58. minutes & 58. secondes de difference, & cette difference vient du chemin que le Soleil a fait de l'Oüeſt a l'Eſt. Ayant donc obſervé l'Etoile qui a paſſé par le Méridien le dixiéme Mars à une heure après minuit comme je l'ai dit, il eſt certain que quinze jours après qui ſera le 25. ladite Etoile arrivera au Méridien juſtement à minuit une minute 2. secondes. Eſtant donc en Mer, au bout de 15. jours je voudrois ſçavoir de combien je differe en Longitude du lieu d'où je ſuis parti. Je prends hauteur au Soleil comme je l'ai dit, je me trouve par 40.

degrez Latitude Nord ſur les 3. heures je mets ma Pendule ſur le Soleil & ſur les 11. heures je prends hauteur comme je l'ai dit ailleurs, & je trouve que ladite Etoile a paſſé par le Méridien juſtement à 2. heures. Il reſte preſentement à ſçavoir à quelle heure la même Etoile a paſſé par le Méridien à Dieppe le même jour vingt-cinquiéme Mars, & par la difference des heures connoître la longitude ; il y a 15. jours que je ſuis parti de Dieppe, & le jour de l'obſervation qui eſtoit le 10. l'Etoile a paſſé par le Méridien à Dieppe à une heure après minuit, comme je l'ai déja dit, ſi bien que la difference eſt de 2. heures moins une minute, & deux ſecondes. Ayant donc la difference de Latitude de 10. degrez, la difference de Longitude de 30. degrez un peu moins à cauſe de la minute, & deux ſecondes, il eſt enſuite facile de ſçavoir le chemin que le Navire a fait ſur la Carte.

III. EXEMPLE.

Il y a encore une choſe à ajoûter aux regles précédentes; c'eſt qu'il faut prendre garde à l'équation de la Pendule, ſi nous voulons ſçavoir poſitivement la difference des Longitudes, car comme le Soleil & une Pendule bien reglée ne s'accordent pas toûjours, & qu'il y a des mois où il y a plus de 12. minutes de difference, c'eſt à quoi il faut prendre garde ſoit en ajoûtant, ou en retranchant, ſi vous voulez ſçavoir au juſte le lieu où vous eſtes & le chemin que vous avez fait, cet exemple ſera plus juſte que les precédentes, & vous ſera entendre entierement le fait. Etant prêts à faire voile du Port de Dieppe, le premier jour de Mars j'obſerve une Etoile fixe comme je l'ai dit, le troſiéme je ſors du Port & faits ma route le dix-huitiéme Mars, trouvant un beau jour calme je commence par ma Latitude en prenant hauteur au Soleil, & je me trouve par 40. degrez de Latitude Nord ſur les 3. heures je mets ma Pendule ſur le Soleil, prenant garde a la difference entre l'heure de la Pendule, & l'heure que le Cadran Solaire marque, afin de voir ſi elle aura eſté juſte, j'ai obſervé une Etoile le premier jour de Mars qui a paſſé par le Méridien juſtement à 12. heures 30. minutes le 18 du même mois, comme je le viens de dire; étant en haute

Mer je ſouhaiterois ſçavoir de combien je differe en Longitude de Dieppe, j'obſerve mon Etoile comme je l'ai dit, ci-deſſus,& je trouve ſon paſſage par le Méridien, le dix-huitiéme à une heure 30. minutes après minuit, il y a 18. jours que j'ai fait ma premiere obſervation, les 18. jours à 3. minutes 56. jours par jour font une heure 10. minutes 46. ſecondes qui étant ôtez des 12. heures 30. minutes reſtera 11. heures 19. minutes 14. ſecondes, pour le paſſage de l'Etoile par le Méridien à Dieppe le dix-huitiéme Mars. La difference de Latitude de 10. degrez, la difference de Longitude de 2. heures 10. minutes 46. ſecondes:ayant donc la difference de Latitude & la difference de Longitude,il eſt facile de ſçavoir le lieu où on peut être poſitivement.

Mais il en faut diminuer ce que le Soleil a avancé ſur ſon moyen mouvement depuis le premier jour de Mars juſque au dix-huitiéme, ce qui eſt facile à voir par la Table que Meſſieurs de l'Academie Royale des Siences donnent au Public tous les ans : depuis le premier jour de Mars juſques au dix-huitiéme ſelon la Table, le Soleil a avancé de 5. minutes 30. ſecondes qu'il faut ôter de 2. heures 10. minutes & 46. secondes, & il ne restera plus que 2. heures 5. minutes & 16. secondes pour la difference des Longitudes, & quand le Soleil tarde comme il y a des mois où cela arrive il faut faire le contraire, c'est-à-dire qu'il faut ajoûter à la difference des Longitudes; c'est aussi par-là que vous verrez si vôtre Pendule aura esté juste, car il se doit trouver deux heures 5. minutes & 16. secondes entre le lieu où vous êtes & le lieu d'où vous êtes parti, s'il y a plus où moins, la Pendule aura avancé ou retardé, & vous la pourrez rectifier, car de croire

re

re qu'une Pendule puisse aller long-temps juste sur le moïen mouvement du Soleil , cela ne se peut, quelque bien faite qu'elle soit, & même à secondes; c'est pourquoy il est à propos pour la rectifier de se servir du mouvement des Etoiles fixes. On a crû jusqu'à present la connoissance des Longitudes impossible; mais l'experience que j'en ai faite à terre me persuade qu'elle sera approchant de même sur mer; car je me suis informé à plusieurs Pilotes de la difference qu'il peut y avoir d'une hauteur prise en mer, & d'une hauteur prise à terre: ils m'ont tous assûré qu'il y avoit très-peu de difference, & quelquefois point du tout, lorſque le temps étoit propre: que dans un Vaiſſeau où pluſieurs perſonnes prennent hauteur à la fois, la plus grande difference ne va pas à plus de trois minutes, ce qui arrive ſouvent par la diverſité des inſtrumens qui ne ſont pas juſtes, ou par le vacillement de la main de ceux qui les tiennent. J'ai fait des experiences à terre pluſieurs fois, & je n'ai pas trouvé plus d'une minute d'erreur, ce qui me fait croire qu'il ne s'en trouvera pas beaucoup plus en mer; car l'inſtrument dont je me ſers eſt fort juſte.

Il n'eſt pas icy queſtion de premier Méridien que les Geographes placent à leur fantaiſie, les uns en un endroit, les autres en un autre ; ce qui fait une telle confuſion, qu'on ne ſait à qui ſe raporter. Il y a des Geographes & des Voyageurs qui vous diſent qu'une telle Place eſt à tant de degrez de Longitudes, & ne diſent point où ils poſent le premier Méridien, ce qu'il faut deviner. Quelques anciens ont placé le premier Méridien aux Iſles fortunées, qu'on nomme aujourd'huy *Canaries* : d'autres l'ont placé aux Colonnes d'Hercules, que l'on croit eſtre le détroit de Gilbraltar. Il y a encore plus de confuſion dans les Geographes modernes. Les François pour la plûpart poſent le premier Méridien à une des Iſles Canaries, nommée l'*Iſle de Fer*. Les Eſpagnols depuis leur conqueſte de l'Amerique ont placé leur premier Méridien à Tolede, & contraire à tous les autres Geographes ; ils comptent leurs Longitudes de l'Eſt à l'Oueſt. Mais il eſt à croire qu'ils ont eu leurs raiſons, entr'autres celles-cy : comme la plus grande partie de leur Navigation ſe fait à l'Amerique, il eſt bien plus facile, & plus naturel de compter en avançant, que de compter en retrogradant; car l'Amerique est à l'Occident de l'Europe. La plus grande partie des Geographes Hollandois posent leur premier Méridien à Tercere, qui est une Isle des Açores apartenantes aux Portugais. Les Anglois ont presque fait la même chose. Enfin il n'y a rien de solidement établi là-dessus.

Mais à l'égard de la connoissance des Longitudes, il n'importe pas où on met le premier Méridien, il est seulement question de sçavoir de combien vous differez en Longitude du lieu d'où vous estes parti, & ensuite il est facile de mettre les choſes en ordre, en poſant le premier Méridien où bon vous ſemble.

On a crû juſqu'à preſent qu'on ne pouvoit trouver les Longitudes que par les Eclipſes , ou par les ſatellites de quelque Planete : mais il pourroit y avoir de l'erreur dans cette méthode dans les rigueurs mathematiques ; car ſi on obſerve à Paris & à Rome un Aſtre pour connoître les Longitudes , qui m'aſſûrera que les inſtrumens ſont ſemblables, & s'accordent en tout avec ceux dont on ſe ſert à Paris ? Il peut toûjours y avoir quelque petite erreur ;

& quand même il ſe trouveroit quelque erreur de deux ou trois minutes au plus dans la maniere que je propoſe, cela n'en devroit point empêcher la pratique, puiſque la même erreur ſe trouve dans la Latitude, & que cela n'empêche pas que l'on ne s'en ſerve heureuſement: & quand il ſe trouveroit deux ou trois minutes d'erreur ſous l'Equateur où les degrez de Longitude ſont les plus grands, cela ne pourroit faire que cinq lieües par minute, & deux ou trois ne font que dix ou quinze lieües ſous la ligne. Il y a des paralelles où les trois minutes ne font pas ſix lieües d'erreur , car les Méridiens diminuent à meſure qu'ils approchent des Poles. Il y a des Tables de Navigation calculées exprès pour cela pour chaque degré de Latitude : & pour faire voir qu'une erreur de dix lieües n'eſt rien en comparaiſon des erreurs qui ne ſe font que trop ſouvent par d'aſſez bons Navigateurs ; car il y en a qui ſe trompent tous les jours de plus de ſoixante, ou quatre-vingt lieües ſur un voyage de mille deux cent lieües , ce qui eſt ſouvent cauſé par des courans inconnus, & par la drive de leur Vaiſſeau. Enfin on pourroit dire de ceux qui ne voudront pas pratiquer cette méthode, qu'ils ressemblent à ceux qui aiment mieux estre aveugles, que borgnes, car l'erreur estant de peu de chose, on peut se reconnoître par le Flambeau de la Mer. La plus grande partie de ceux qui se mêlent de Navigation, vous disent qu'on ne peut parvenir à la connoissance des Longitudes que par le moyen d'une Pendule qui puisse aller juste : il est vrai que si cela pouvoit estre, la chose en seroit plus facile : mais on y peut parvenir sans cela ; car je suppose que la Pendule dont je me sers, quoique bien ajuſtée ſur le moyen mouvement du Soleil, ne marchera pas long-temps ſans s'en dévoyer, la plus grande erreur n'excedera point deux minutes en vingt-quatre heures, & c'eſt tout au plus, & je ne croit pas même que cela aille juſques-là : par l'experience que j'en ai faite à terre ſur une Pendule à grande vibration, où j'ai remarqué que ſa plus grande erreur ne va pas à plus de demie minute en vingt-quatre heures, il eſt certain que les deux minutes d'erreur ne peuvent produire qu'une demie minute en ſix heures, qui eſt le temps que j'employe dans mon obſervation; car ayant pris ma Latitude à midy, je peux attendre jusqu'à cinq ou six heures pour mettre ma Pendule sur le Soleil; ainsi une erreur d'une demie minute au plus ne doit pas empêcher la pratique d'une chose si necessaire; car dans la necessité, on le pourroit bien faire avec une bonne Montre sans s'écarter beaucoup de la verité.

Comme j'ai dit qu'il faut prendre garde de combien la Pendule aura avancé, ou retardé du mouvement moyen du Soleil, afin que vous puissiez l'avancer, ou retarder par la nantille, selon qu'il en sera besoin: cela est necessaire aufſi pour la juſteſſe des Longitudes, cela ſera cauſe que j'en donnerai encore un exemple.

Le premier jour de May, j'ai obſervé une Etoile fixe, qui a paſſé par le Méridien a onze heures juſte. Le troiſiéme jour de May je pars de Dieppe avec un bon vent, le dix-huit je trouve un jour propre pour mon Obſervation, je prends hauteur au Soleil comme je l'ai dit ailleurs, & je me trouve par trente degrez de Latitude Nord, ſur les quatre heures je mets ma Pendule ſur le Soleil, & le ſoir venu je cherche mon Etoile & je la garde à vûë jusqu'à ce qu'elle approche le Méridien, & je faits comme j'ai dit cy-devant dans les autres exemples, & je trouve que ladite Etoile a passé par le Meridien justement à deux heures, si bien que j'ai vingt degrez pour la difference de longitude. Il faut presentement sçavoir à quelle heure la même Etoile a passé par le Méridien à Dieppe le dix-huit qui est le jour de mon observation en Mer; il faut conter dix-huit jours depuis le premier, les dix-huit jours à trois Minutes cinquante-six secondes par jour font directement ne heure, dix minutes, &

quarante - ſix ſecondes qui faut oſter de trois heures, & il reſtera une heure quarante-neuf minutes & quatorze ſecondes pour la difference des Longitudes entre Dieppe, & le lieu où je ſuis. Il reſte preſentement à ſçavoir la difference de l'Equation de la Pendule, depuis le premier jour de May juſqu'au dix-huit, & cela va environ a dix ſecondes que le Soleil tarde, qu'il faut ajoûter à une heure & quarante-neuf minutes & quatorze ſecondes, & cela fera une heure quarante-neuf minutes & vingt-quatre ſecondes en tems, qui font près de trente degrez de difference de Longitude. J'ai trouvé la Pendule en retard de trente-ſix minutes en dix-huit jours, c'eſt deux minutes par jour, & pour ſçavoir de combien la Pendule doit avoir retardé en dix heures, qui eſt juſtement le tems que la Pendule a marché depuis quatre heures juſques à deux, on trouvera par la regle de proportion qu'elle aura retardé de cinquante ſecondes qu'il faut ajoûter à une heure quarante-neuf minutes & vingt-quatre ſecondes, qui feront enſuite une heure cinquante minutes & quatorze ſecondes, qui font la difference des Longitudes entre Dieppe, & le lieu où vous êtes, les Navigateurs pourront faire leurs regles sur ce dernier exemple : cependant il est à propos de dire deux mots du mouvement des Etoiles fixes qui se fait d'Occident en Orient; mais comme ce mouvement est très-lent, cela ne sauroit faire d'erreur sensible dans un voyage pour les Longitudes, puisque l'on ne compte que cinquante secondes par an, que les Etoiles fixes font de l'Oüest à l'Est, & on tient, que leur révolution entiere se fait en vingt-cinq mille ans, cependant ceux qui y voudront faire leurs

leurs regles avec la derniere justesse pourront y ajoûter, le progrès que l'Etoile aura pu faire depuis leurs premieres Observations, ce qui va à environ quatre secondes par mois, c'est environ trois secondes en dix-huit jours que je peux ajoûter, à une heure cinquante minutes & quatorze secondes, & cela sera une heure cinquante minutes dix-sept secondes, pour la difference des Longitudes : en suivant ce dernier exemple vous ne sauriez vous eloigner de la verité, si la Pendule avance vous ferez le contraire de ce qui a esté dit, vous retrancherez au lieu d'ajoûter ce que j'ai dit cy-devant touchant l'erreur que peuvent faire tous les jours de bons Navigateurs, nous n'en avons que trop d'exemples. Nous avons vû à Dieppe plusieurs Vaisseaux du lieu revenant en divers temps de l'Amerique pour entrer dans la Manche, qui ayant esté plusieurs jours sans voir le Soleil, & par consequent sans hauteur on fait leur route par l'estime, & le croiant par leur suputation, vis-à-vis la pointe de Bretagne, où pour parler comme les gens de Mer, se croyant par le travers de l'Isle Ouëssant, ils ſe ſont trouvez par le travers des Sorlingues qu'ils ont priſes pour Ouëſſant, & ſinglant dans le Canal de ſaint George qu'ils prenoient pour nôtre Manche, il y en a qui ſe ſont malheureuſement perdus, & pluſieurs autres ont eſté très-long-tems à s'en retirer au grand préjudice des Marchands & des Matelots qui eſtant la plûpart fatiguez d'un long Voyage periſſent très-ſouvent de miſere dans un Païs-Etranger faute de trouver des Rafraîchiſſements en temps. La raiſon du long-tems qu'il faut ordinairement pour ſortir du

Canal de ſaint George, c'eſt qu'il faut du vent d'Eſt & qui ſoufle rarement dans ces endroits, & du vent d'Oüëſt pour entrer dans nôtre Manche, enfin on en a vû qui ont eſté plus long-temps à revenir du Canal ſaint George qu'ils n'avoient fait à revenir de l'Amerique, & l'erreur entre Oüëſſant & les Sorlingues n'eſt pas moins de deux degrez & demi en Latitude, car les Sorlingues ſont preſque Nord de Oüëſſant les deux degrez & demi font cinquante lieües: or ſi on ſe trompe de cinquante lieües en Latitudes, combien plus ſe trompera-t'on en Longitudes: car il eſt à preſumer qu'un Vaiſſeau qui part de l'Amerique, & qui eſt ordinairement ſix ou ſept ſemaines en route, n'aura pas eſté tout ce tems-là ſans voir le Soleil, je ſupoſe donc qu'en approchant de l'Europe il aura eſté dix où douze jours ſans le voir, & par conſequent ſans hauteur de Pôle.

Or ſi en douze jours on ſe peut tromper de cinquante lieües en Latitude, de combien ſe pourra-t'on tromper en Longitudes en quarante où cinquante jours qu'on eſt ordinairement à faire le voyage entier, il eſt donc évident que l'erreur doit être plus conſiderable, & fait toucher au doigt l'incertitude de la Navigation par leurs regles d'eſtime où les plus habiles ſe trompent groſſierement tous les jours.

FIN.

APROBATION.

J'Ai lû par ordre de Monseigneur le Garde des Sceaux un Manuscrit qui a pour Titre, *Traité des Longitudes* &c. Dans lequel je n'ai rien trouvé qui puisse en empêcher l'impression. Fait à Paris, le 16. Avril 1718. *Signé*, POURCHOT.

PRIVILEGE DU ROY.

LOUIS par la grace de Dieu Roi de France & de Navarre, à nos amez & feaux Conseillers les Gens tenans nos Cours de Parlement, Maistres des Requestes Ordinaires de nôtre Hôtel, Grand-Conseil, Prevost de Paris, Baillifs, Sénéchaux, leurs Lieutenans Civils, & autres nos Justiciers qu'il appartiendra : SALUT. Nostre bien amé le sieur Jean Hebert Bourgeois de Dieppe, Nous ayant fait remontrer qu'il souhaiteroit faire imprimer & donner au public un Ouvrage de sa composition, & qui a pour titre : *Traité des Longitudes*, s'il Nous plaisoit luy accorder nos Lettres de Privilege sur ce necessaires. A ces causes, voulant favorablement traiter ledit Exposant, Nous luy avons permis & permettons par ces Presentes de faire imprimer ledit Traité, en telle forme, marge, caractere, conjointement ou separément, & autant de fois que bon lui semblera, de le faire vendre & débiter par tout nôtre Royaume pendant le temps de six années consecutives, à compter du jour de la date desdites Presentes : Faisons défenses à toutes sortes de personnes de

quelque

quelque qualité & condition qu'elles soient, d'en introduire d'impression étrangere dans aucun lieu de nôtre Obéïssance; comme aussi à tous Libraires, Imprimeurs, & autres, d'imprimer, faire imprimer, vendre, faire vendre, débiter, ni contrefaire, ledit Traité en tout, ni en partie, ni d'en faire aucuns extraits sous quelque pretexte que ce soit, d'augmentation, correction, changement de titre, ou autrement, sans le consentement par écrit dudit sieur Exposant, ou de ceux qui auront droit de luy, à peine de confiscation des Exemplaires contrefaits, de quinze cent livres d'amende contre chacun des contrevenans, dont un tiers à Nous, un tiers à l'Hôtel-Dieu de Paris, l'autre tiers audit sieur Exposant, & de tous dépens, dommages, & interests: à la charge que ces Presentes seront enregistrées tout au long sur le Registre de la Communauté des Libaires & Imprimeurs de Paris, & ce dans trois mois de la date d'icelles ; que l'impression de ce Livre sera faite dans nôtre Royaume, & non ailleurs, en bon papier & en beaux caracteres, conformement aux Reglemens de la Librairie, & qu'avant de l'exposer en vente, le Manuscrit ou Imprimé qui aura servi de copie pour l'impression dudit Livre, sera remis dans le même état où l'Approbation aura esté donnée ès mains de nôtre très-cher & feal Chevalier Garde des Sceaux de France, le sieur Voyer de Paulmy Marquis d'Argenson, & qu'il en sera ensuite mis deux Exemplaires dans nôtre Bibliotheque publique, un dans celle de nôtre Château du Louvre, & un dans celle de nôtre très-cher & feal Chevalier Garde des Sceaux de France le sieur

Voyer de Paulmy Marquis d'Argenſon : le tout à peine de nullité des Preſentes : Du contenu deſquelles vous mandons & enjoignons de faire joüir ledit Expoſant ou ſes ayans cauſes pleinement & paiſiblement, ſans ſouffrir qu'il leur ſoit fait aucun trouble ou empêchement. Voulons que la copie deſdites Preſentes qui ſera imprimée au commencement ou à la fin dudit Livre, ſoit tenuë pour dûëment ſignifiée, & qu'aux copies collationnées par l'un de nos amez & feaux Conſeillers & Secretaires, foy ſoit ajoûtée comme à l'original. Commandons au premier nôtre Huiſſier ou Sergent, de faire pour l'execution d'icelles tous Actes requis & neceſſaires, ſans demander autre permiſſion, & nonobſtant clameur de Haro, Charte Normande & Lettres à ce contraires; CAR TEL EST NÔTRE

PLAISIR. Donné à Paris le onziéme jour du mois d'Aoust l'an de grace mil sept cent dix-huit, & de nôtre Regne le troisiéme. Par le Roy en son Conseil.
DE SAINT HILAIRE.

Registré sur le Registre IV. de la Communauté des Libraires & Imprimeurs de Paris, pag. 357. No. 383. conformement aux Reglemens, & notamment à l'Arrest du Conseil du 13. Aoust 1703. A Paris le 18. Aoust 1718.

Il est ordonné par l'Edit du mois d'Aoust 1686. & Arrests de son Conseil, que les Livres dont l'impression se permet par Privilege de Sa Majesté, ne pourront estre vendus que par un Libraire ou Imprimeur.

DELAULNE, *Syndic.*

www.ingramcontent.com/pod-product-compliance
Ingram Content Group UK Ltd.
Pitfield, Milton Keynes, MK11 3LW, UK
UKHW020410180726
13839UKWH00003B/1292